你好啊，小诗词

⑦离思迢迢远

刘道林◎编著
霜　豪◎绘

中国铁道出版社有限公司
CHINA RAILWAY PUBLISHING HOUSE CO., LTD.

[使用说明]

簪
9 类 88 种汉字结构
和语文配套的硬笔楷书
全方位的练习指导
与诗文紧密结合
注释
给多音字、生僻字注音
为难字释义
16 类 200 首经典古诗词
硬笔楷书，大字展示
更方便抄诗、临摹
诗词涵盖中小学生必背诗词
及优秀的课外诗词
春望
国破山河在
城春草木深
感时花溅泪
恨别鸟惊心
烽火连三月
家书抵万金
白头搔更短
浑欲不胜簪
小诗词知识
了解诗人创作背景
感受古代文人生活
学习诗词分类知识
画赏
读诗赏画
培养审美
诗说
尊重诗词原意
解读诗境，注释浅显易懂
和杜甫的诗一起成长
读书漫游
故国长安
漂泊西南

[书法常识]

坐姿

开始做诗抄，首先要有一个正确的坐姿。好的书写姿势，既可以提升专注力，又可以让身体更放松，还可以提高抄诗的速度，达到事半功倍的效果。

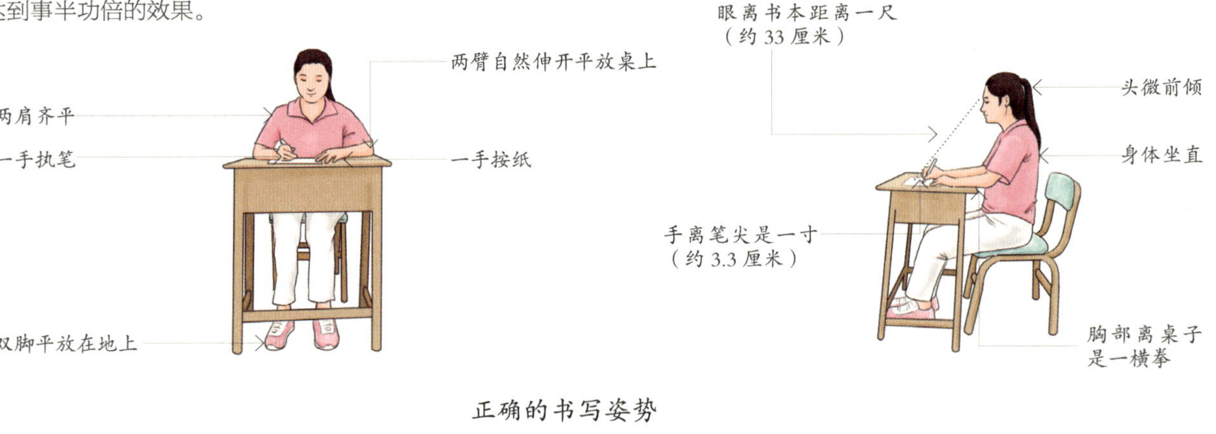

正确的书写姿势

握姿

抄写诗的过程需要手指和手腕的配合，“两面三点执笔法”能有效地调动它们的灵活性，①②两面捏住笔，③④⑤为支撑点。

手腕要伸直
不要向里弯
或向外侧翻

笔杆和纸面呈 45°

握笔时掌心要空

心态

抄诗时要心平气和，不能过分追求速度，导致越写越急，越急写得越潦草。

善于发现抄诗的乐趣，养成一种“乐而知之”的良好心态。

每天可以安排 5~15 分钟抄诗，需保证抄诗的质量，不要追求数量。

选笔

笔尖坚硬的书写工具，都被称为“硬笔”。可根据不同学段选用铅笔、中性笔、钢笔等抄诗工具，笔杆应粗细相宜。不建议选择自动笔和圆珠笔进行练字。

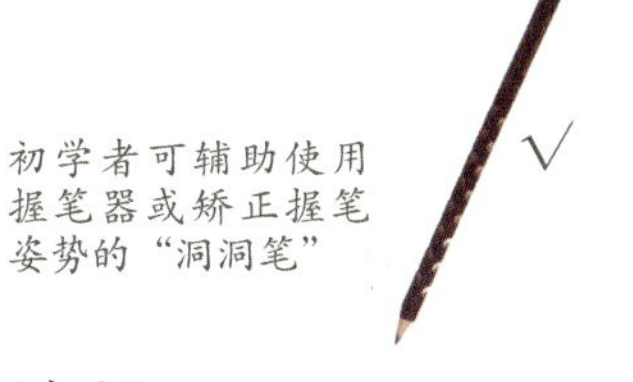

初学者可辅助使用握笔器或矫正握笔姿势的“洞洞笔” √

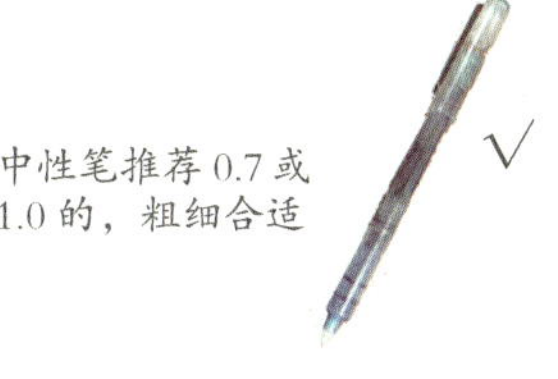

中性笔推荐 0.7 或 1.0 的，粗细合适 √

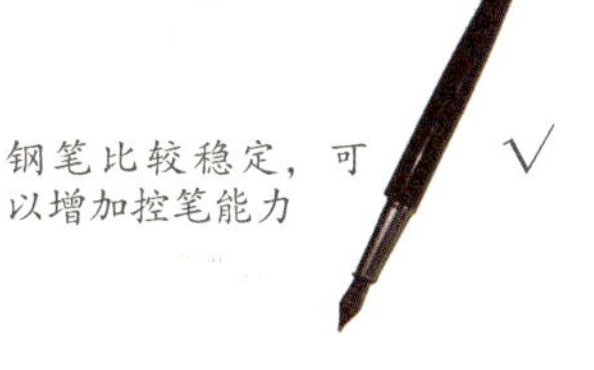

钢笔比较稳定，可以增加控笔能力 √

选帖

在挑选临摹字帖时，建议根据个人的喜好选帖。将水平较高的字帖，放在一起对比。

当代一些比较优秀的书法家，他们风格都各不相同，有清秀别致、严谨规范的，也有潇洒飘逸、激励奔放的。选择自己最喜欢的字帖临摹。荀子曰“好一则博”，初学书法，要先专一，方能博学。选好一本字帖，要专心致志练下来，不能朝三暮四，待一本字帖临摹熟了，才可更换字帖，博采众长。

读帖

在临帖之前要仔细观察字的结构、布局、笔画、笔法等，古人称之为“读帖”。

临帖

临帖是照着字帖上的字，通过自己练习去了解书法的技法和规律，是学习书法的最有效方法。学习的重点从笔画到结构再到章法，循序渐进。

笔画：一个笔画怎么写

结构：一个字怎么写

汉字分为上下、左右、半包围、独体字等结构，结构虽然多样，但还是有规律可循。这里不赘述，正文“练字指导”版块里，有详解。

章法：一首诗怎么写

特点

整齐划一：字与字、行与行之间等距，保持整齐但不呆板。

多样统一：在和谐统一的关系中注入多样性、变化性，不应该忽略每个字的细节。

形式

横写法：字序从左到右，行序从上到下，首行空两格，字间加标点。

竖写法：字序从上到下，行序从右到左，是较为传统的书写方式。

练字指导版块的解释

练字指导索引

手机扫描二维码，即可观看书法课程。

上下结构的字

上中下结构的字

左右结构的字

独体字

半包围结构的字

常用偏旁

目录

古诗词快速记忆技巧

熟读后，书写三遍。

第一遍，描：用自干笔在本书诗词上直接描。

第二遍，抄：在田字格本子上抄，每句只看一次。

第三遍，默：尝试独立默写整首诗。

（每个主题的诗词按照难度由低到高排序）

离思迢迢远

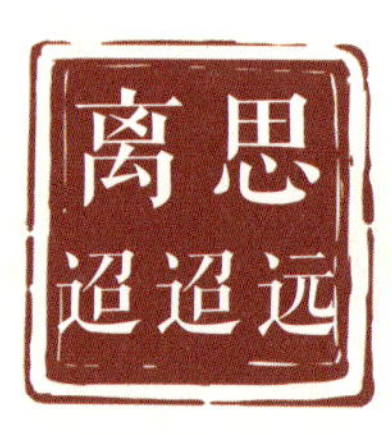

经典的古诗词，诵读是远远不够的，在落笔书写的那一刻，在平顺转折之间，字里行间溢满了诗人的情怀。诗言志，词言情，生活中有了诗词，才会有诗意。从小就感受诗词的意境，人生何惧不精彩。

这本《离思迢迢远》分册中，我们选择了 24 首诗词，并根据诗意分为思、念两个主题，引导读者赏析诗词，抄写诗词， 理解诗意，感受诗境。

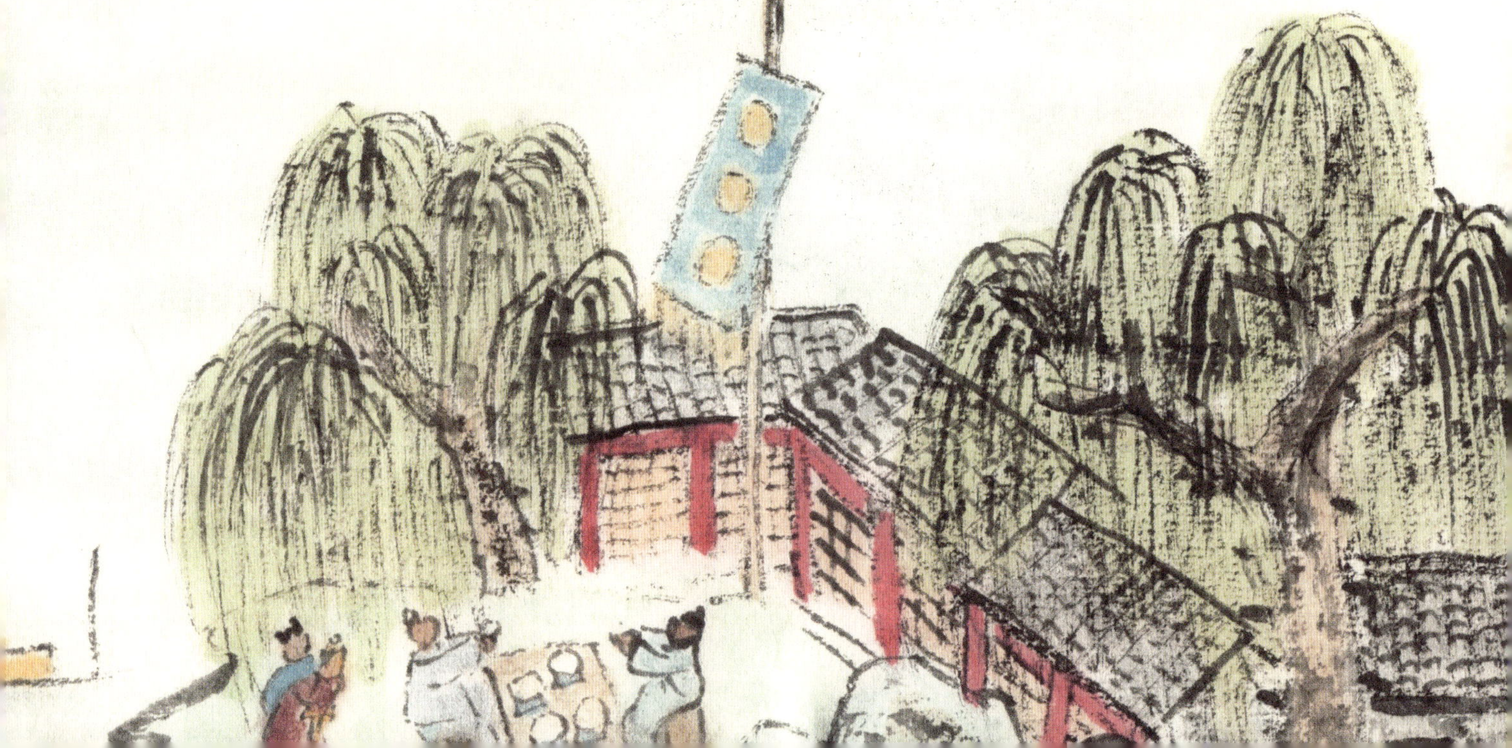

《山水十开》〔清〕石涛

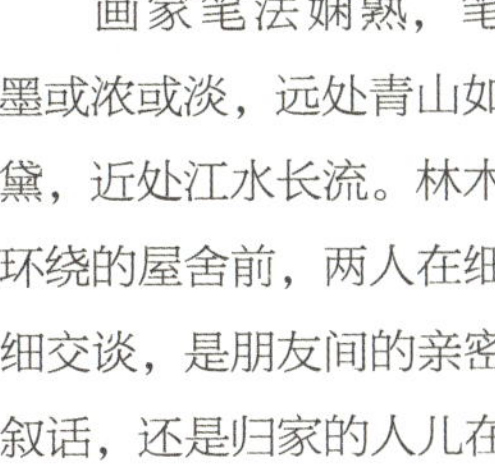

画赏

画家笔法娴熟，笔墨或浓或淡，远处青山如黛，近处江水长流。林木环绕的屋舍前，两人在细细交谈，是朋友间的亲密叙话，还是归家的人儿在寻路？

回乡偶书·其一

【初唐】贺知章

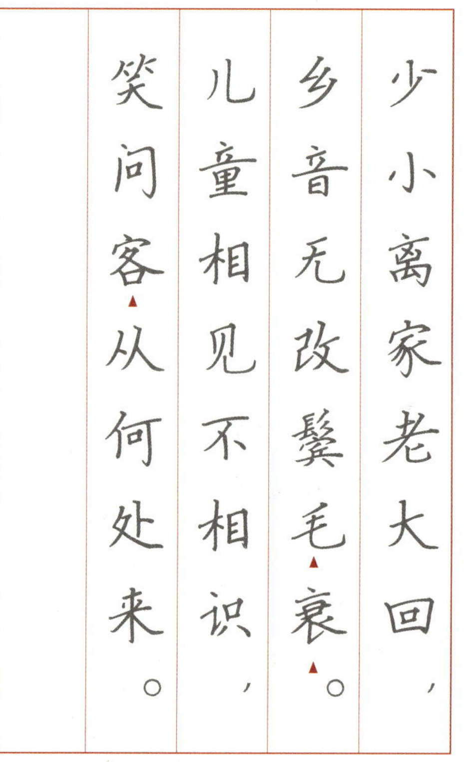

少小离家老大回，
乡音无改鬓毛衰。
儿童相见不相识，
笑问客从何处来。

练字指导

上下结构的字。
上矮下高，上下同宽，
上边一横略往上倾斜，
下面部件要紧凑，横折钩要有力。

▲偶书：偶然地随意写下。 ▲鬓（bìn）毛：额角边靠近耳朵的头发。 ▲衰：古音念（cuī）。

▲客：指作者自己。

诗说

诗人从小就离开了自己的家乡，到了年老时才回到家乡。他的乡音虽未改变，但是鬓角的头发却已经疏落。家乡的孩子们看到了诗人，都不认识了，笑着问他：您是从哪里来的客人呀？

此时诗人心情是复杂的，长时间生活在外地，乡亲都不认识他了，由此品味人生的哀愁。

《秉烛夜游图》［宋］马麟

画赏

朦胧的雾气，伴随着皎洁的月光，洒在了地面上。在短亭和长廊前，一朵朵海棠花像是染上了淡淡的胭脂，在月光下显得格外娇艳动人，深深地吸引着主人的目光。他点起了蜡烛，如痴如醉地看着这迷人的景色。

静夜思

〔盛唐〕李白

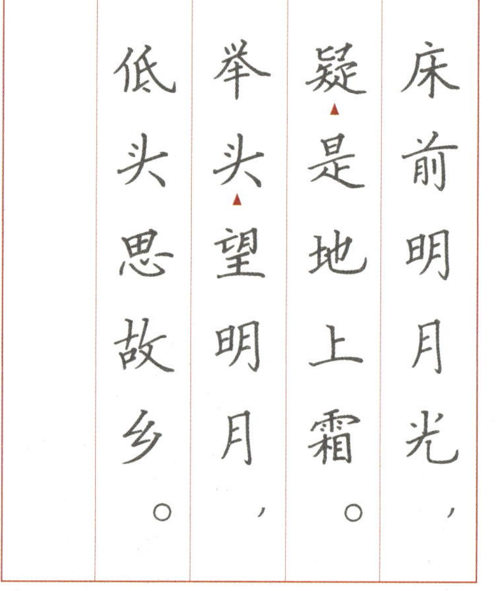

练字指导

上下结构的字。
上矮下高，上宽下窄，
上部点低撇高，
下部月撇变为竖画，
竖画间距基本相等。

▲疑：怀疑。 ▲举头：抬头。

明亮的月光洒在床前的窗户上，好似从地上生出来的白霜。诗人抬起头望着天上的一轮明月，不由得低下头思念远方的家乡。

这首诗写出了诗人在月色如霜的秋夜里对家乡的思念之情。

《仿古山水图》［明］蓝瑛

画赏

画面色彩明丽，青山红树，对比强烈，画家笔法简单，点墨绘制，在远处青山白云的映衬下，整幅画显得可爱灵动，颇有意境。

相思

【盛唐】王维

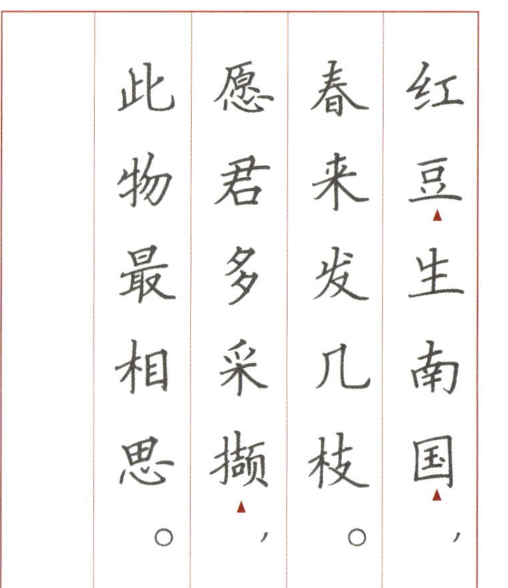

练字指导

上下结构的字。
上下同高，上下同形，
上部收敛，下部伸展，
点的位置应在撇的中间位置。

▲相思：又称“江上赠李龟年”。 ▲红豆：红豆树的果实、种子，也叫相思子，产于亚热带地区。

▲南国：指南方。 ▲采撷（xié）：采摘。

红豆生长在阳光明媚的南方，春天到来时，不知又会生出多少新枝。诗人希望好友多多地采摘它，因为小小红豆最能寄托相思之情。

在这首诗里，红豆成了寄托思念的信物。

小诗词知识

凄美的相思诗

凄美的“红豆”

传说在战国时期，一对恩爱的夫妻被战争拆散了，丈夫在边关服役，妻子日日思念，每天都会在红豆树下面眺望着远方，希望丈夫有朝一日会出现。可是日复一日，丈夫仍杳无音讯，妻子思念之下每天以泪洗面，最后流下了血泪。血滴化成了红豆，春来秋往，暑去冬来，终于有一天幼嫩的小树长成了大树，树上结满了红豆，所以红豆又被人们称为“相思子”。

“红豆”与相思诗

古代诗人一直用红豆寄托着相思。不仅仅表达恋人之间的相思之情，还表达朋友之间的相思之情。

文中的这首《相思》又叫作《江上赠李龟年》，李龟年是盛唐时期有名的音乐家，也是王维的好朋友，这首诗就是王维写给李龟年的，表达他对朋友的相思之情。

而晚唐诗人温庭筠的“罗带惹香，犹系别时红豆。”（《酒泉子》），意思是两人离别后，女孩子身上还系着分别时所赠的红豆，表达了对恋人的相思之情。

《庐山高图》［明］沈周

练字指导

半包围结构的字。
左下包右上，
左下捺在第一笔撇的末端，
左下撇高捺低，捺为整个字的最低处，
右上竖起笔为整个字最高点。

画赏

这幅画画风遒（qiú）劲（jìng），描绘了南方庐山的山水秀美、凄迷之韵。画中崇山峻岭，层层高叠；长松巨木，古朴苍劲；画的下方，有一人面对飞瀑远眺。整幅画雄伟瑰丽，气势宏大。

九月九日忆山东兄弟

【盛唐】王维

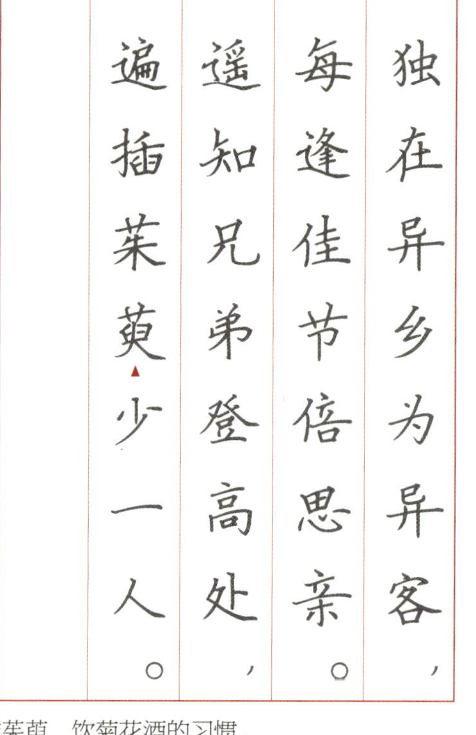

▲九月九日：即重阳节。古人有在重阳节登高，佩戴茱萸，饮菊花酒的习惯。

▲山东：指华山以东，王维的家乡就在这一带。

▲茱萸（zhū yú）：一种香草，即决明子。古时候人们认为重阳节身插茱萸或者佩戴茱萸香囊可以避灾克邪。

诗说

诗人为考取功名，不得不远离家乡，漂泊在外，每当遇到佳节就更加想念亲人。在重阳节那天，他忍不住想到：我远方的兄弟啊，这时是不是现在已经登上高处了，并且身上都佩戴着茱萸，唯有我不在他们身边。

无论现在还是以前，每当到了佳节都是亲人团聚的时候，有一些人因为种种原因不能与亲人团聚，在古代人们就会通过写诗来表达对亲人的思念之情。

《寒汀落雁图》［宋］佚名

练字指导

左右结构的字。
左宽右窄，左矮右高，
右边竖画较长，
明显低于左部，
左部上横要短于下横。

这幅画描绘了冬日河滩边，大雁栖息的情景。在虬曲的古树上，几只大雁在上面栖息，在寒冷的溪水边有一群大雁，它们或在岸边鸣叫，或在湖里觅食，姿态悠闲。

蜀中九日

【初唐】王勃

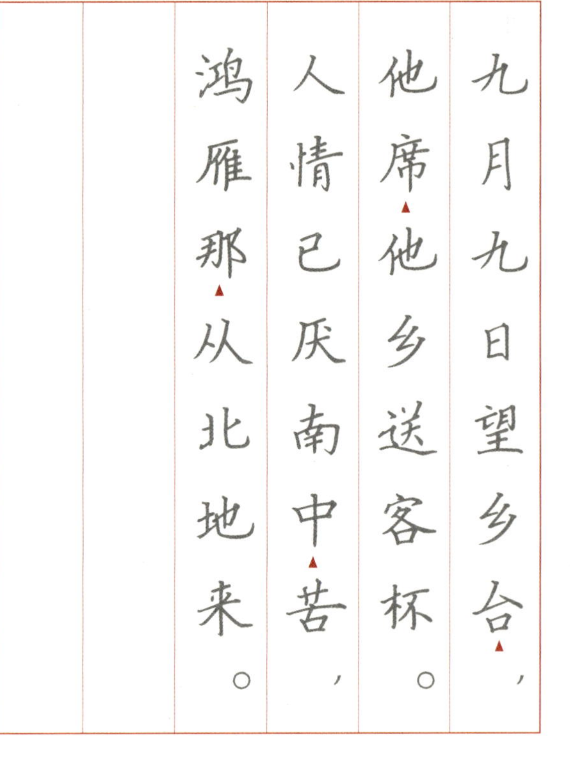

▲望乡台：古代出征或者流落在外乡的人，登高处，眺望家乡。

▲他席：为友人送行的酒席。

▲南中：南方，这里指四川一带。

▲那：为何。

诗说

重阳节的时候登高眺望故乡，身在他乡的诗人设席送朋友离开，举杯祝福的时候，格外忧愁。诗人已经厌倦了在南方漂泊的各种愁苦，看到从北方飞来的鸿雁，诗人感慨：自己没有办法回到北方的家乡，为什么鸿雁还要从北边飞来呢？

这首诗通过节日来表达诗人的思乡之情，也表达了诗人想北归却无法实现的感慨。

《富春大岭图》［清］王翚

练字指导

常用偏旁之竖心旁。
写竖心旁时，
左点在竖的中段，
且留有空隙，
右点紧靠竖画，
竖画要直且挺拔。

画赏

这是一幅苍茫浑厚的山水写意画，画中山峰重重叠叠，巍峨耸立，山下古树苍天。画中水墨与浅绛渲染得法，整幅画给人一种气势勃发的感觉。

渡汉江

［初唐］宋之问

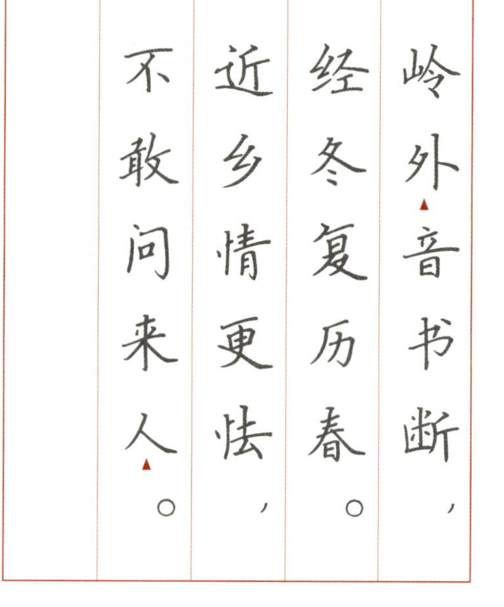

▲汉江：汉水，长江最大的支流，源出陕西，经湖北流入长江。

▲岭外：指岭南，古时罪臣流放之地。

▲来人：从家乡过来的人。

诗人被流放到了异乡，与亲人断绝了音信。熬过了寒冷的冬天，又经历了新的春天。越是接近故乡，心里却越是胆怯。不敢从家乡来的人那里打听，害怕听到不好的消息。

古时候，因为通信困难，每一个在外的游子都有这样矛盾的心理，一方面是对亲人无比的思念之情，另一方面又掺杂着害怕听到不好消息的心理。

《西山雨观图》 ［明］沈周

这是一幅山间烟雨图。经过一场雨水的洗涤，远处山峦越发青翠，整个山谷里云雾缭绕。山顶、树木在云雾的笼罩下，显得朦胧缥缈。画家用墨浓淡相宜，整幅画充满了迷蒙悠远的意境。

▲巴山：泛指川东一带的山。

▲何当：何时将要。表示期盼。

▲却话：追述。

夜雨寄北

〔晚唐〕李商隐

君问归期未有期，
巴山夜雨涨秋池。
何当共剪西窗烛，
却话巴山夜雨时。

你要问我回家的日期，我真的没办法确定时间。今晚巴山下着暴雨，秋池的水已经涨满了。什么时候才能与你秉烛夜谈，向你当面诉说巴山夜雨时的思念之情啊。

这首诗表达了诗人思念之情，至于思念对象是谁，有着不同的解读，有的说诗人是思念友人，有的说是思念爱人。

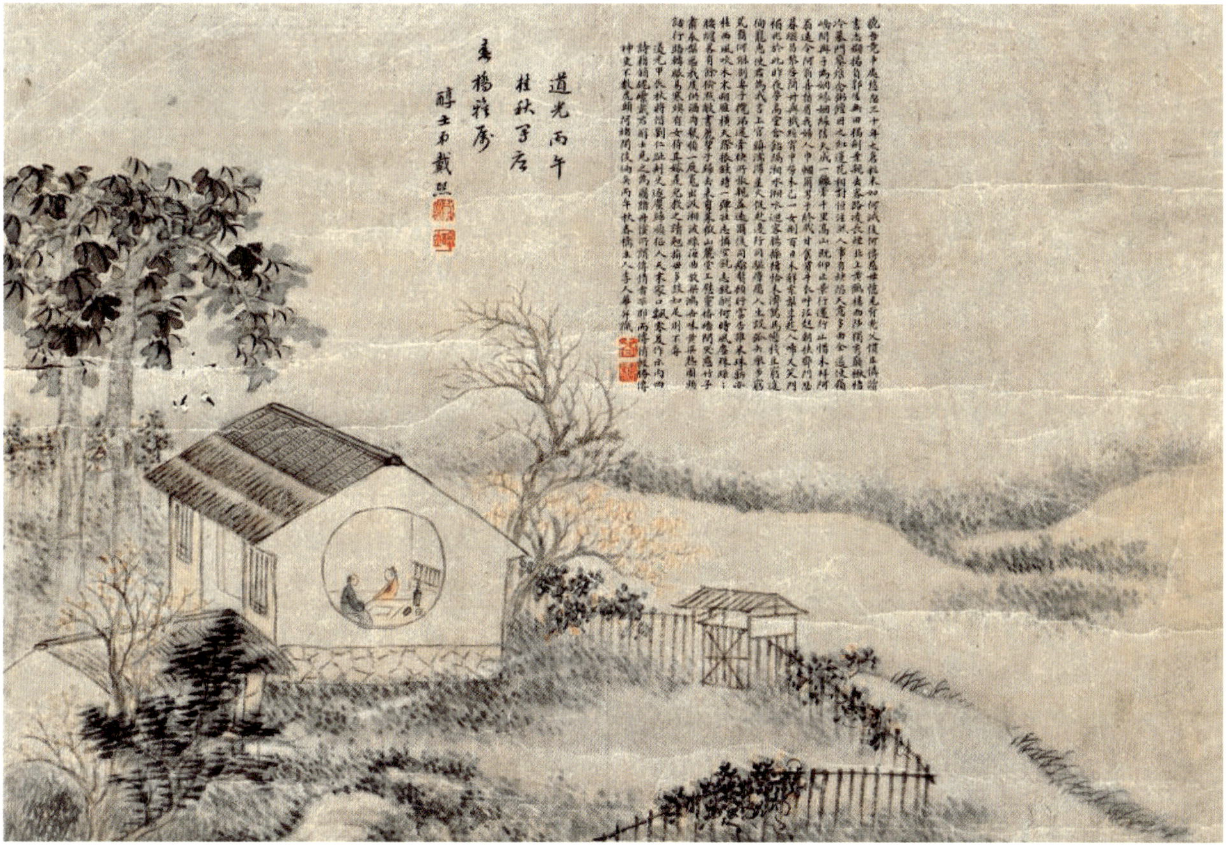

《山居图》〔清〕戴熙

这是一幅山水田园风格的写意画，金秋时节，树木还未变黄，篱笆围成的农家小院里的桂花却已经开得正浓，画家与朋友坐在屋中悠闲交谈。整个画面明快秀雅，笔墨清润，全无俗气。

无题 其一

【晚唐】李商隐

相见时难别亦难，
东风▲无力百花残。
春蚕到死丝▲方尽，
蜡炬▲成灰泪始干。
晓镜▲但愁云鬓改▲，
夜吟应觉月光寒。
蓬山▲此去无多路，
青鸟▲殷勤为探看。

▲东风：春风。 ▲丝：这里和“思”谐音。 ▲蜡炬：蜡烛。 ▲晓镜：早晨梳妆照镜子。 ▲云鬓改：意思是青春年华消逝；云鬓，指年轻女子的秀发。 ▲蓬山：神话中海上的仙山，这里借指所思女子的住所。 ▲青鸟：神话中为西王母传信的神鸟。后为信使的代称。

诗说

见面的机会真是难得，分别时更是难舍难分，在这样东风吹残百花的季节里分离，更让人伤感了。春蚕到死的时候丝才吐完，蜡烛要燃尽成灰时像泪一样的蜡油才能滴干。女子早晨在镜子前梳妆，只担心自己的鬓发变得斑白。男子晚上吟诗时，料想会感觉到月光的寒冷。思念的人啊，在不远的蓬莱山，可却没有道路可以到达。希望有青鸟一样的使者能帮诗人带去思念，探望所思念的人。

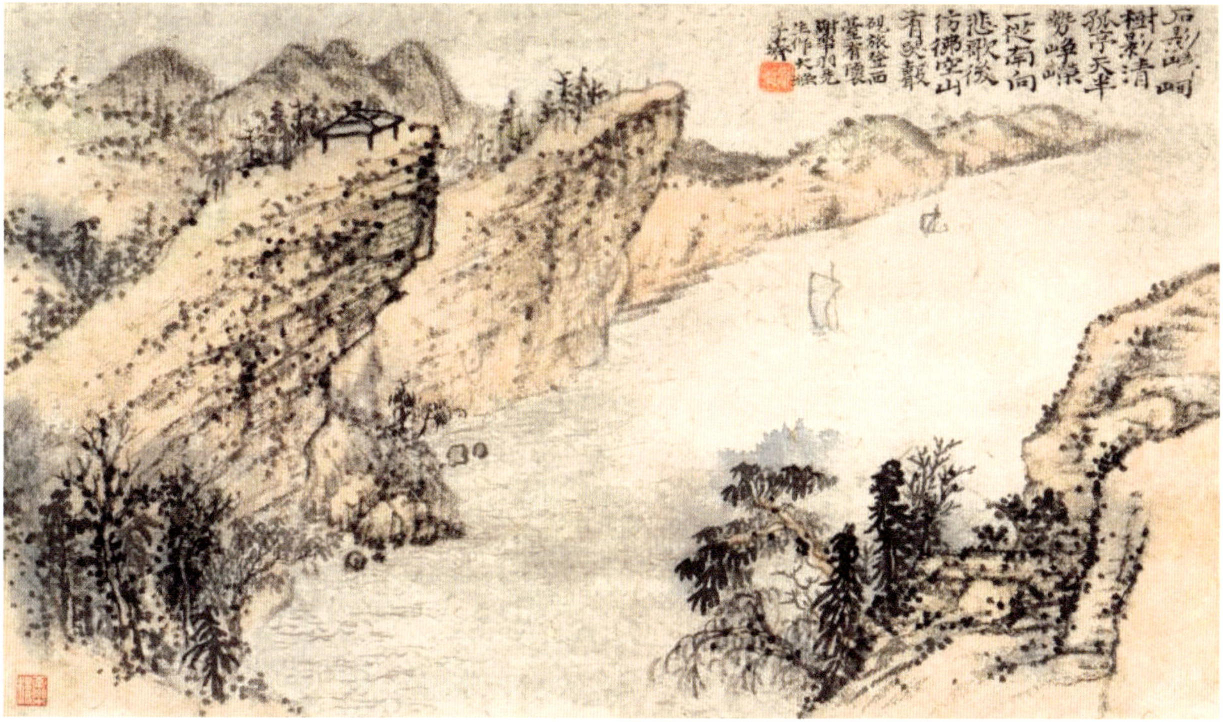

《上人山水图》 [清] 石涛

画赏

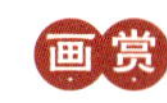

两艘小船扬帆起航，顺流而下，两岸山石耸立，树木苍翠。画家笔法流畅凝重，尤其擅于点苔，密密麻麻，劈头盖面，丰富多彩。

月夜忆舍弟

［盛唐］杜甫

戍鼓断人行，边秋一雁声。
露从今夜白，月是故乡明。
有弟皆分散，无家问死生。
寄书长不达，况乃未休兵。

▲戍（shù）鼓：边防驻军的鼓声。　▲断人行：指实行宵禁，禁止人的行走。

▲况乃：何况，况且。

更鼓的响声隔断了人们出行，边塞的秋天，有孤雁正在哀鸣。从今夜开始，就要进入白露节气了，月亮还是故乡的最明亮啊。诗人和兄弟离散各去一方，已经无法打听到他的消息。寄往家乡的书信常常不能送达，更何况现在还在战乱。

诗人在战争中颠沛流离、饱尝艰辛，所以在诗中将思乡之情表达得凄楚哀感、沉郁顿挫。

和杜甫的诗一起成长

读书漫游

杜甫年轻时，表现出一种积极向上的人生态度，见到巍峨的泰山，不禁写下了《望岳》：荡胸生曾云，决眦入归鸟。会当凌绝顶，一览众山小。

被困长安

安史之乱爆发，杜甫被困在长安，过着贫苦的日子，看到了底层百姓生活，便写下了许多现实主义作品，如《丽人行》《兵车行》等。

漂泊西南

杜甫 47 岁时，来到成都，在友人的帮助下住进了草堂，结束了多年流离失所的日子。某一天，他在草堂里听到了雨声，心里充满喜悦，就写下了《春夜喜雨》。

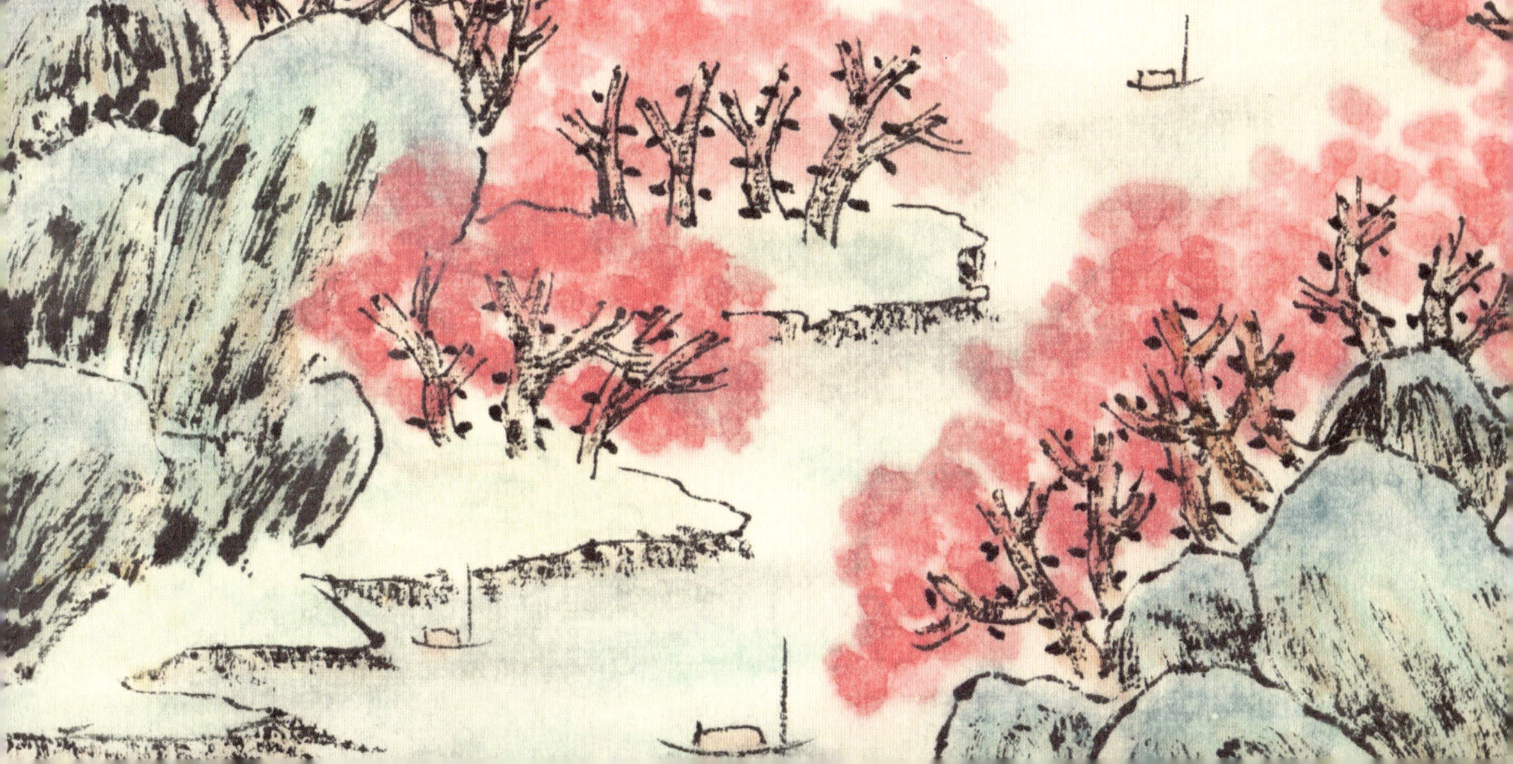

《人物山水图》［清］黄慎

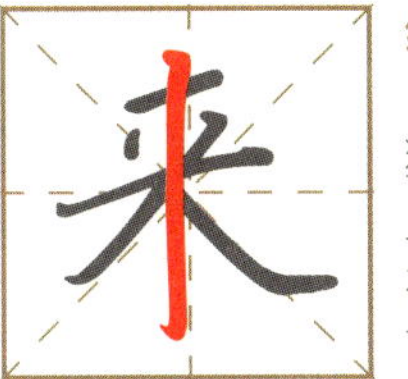

练字指导

独体字。
上收下展，
有垂露竖的字，
下部撇低捺高，
上部两横上短下长且平行。

画赏

画中树干苍劲有力，有一位白发老翁坐在树下的岩石上，闭目休憩，对面有一位老者席地而坐，悠闲抚琴，身后的童子正在静静聆听。画家用笔粗犷，但对人物的描绘形象生动，无论是衣着还是神情，都细致入微。

题西太一宫壁 其二

［北宋］王安石

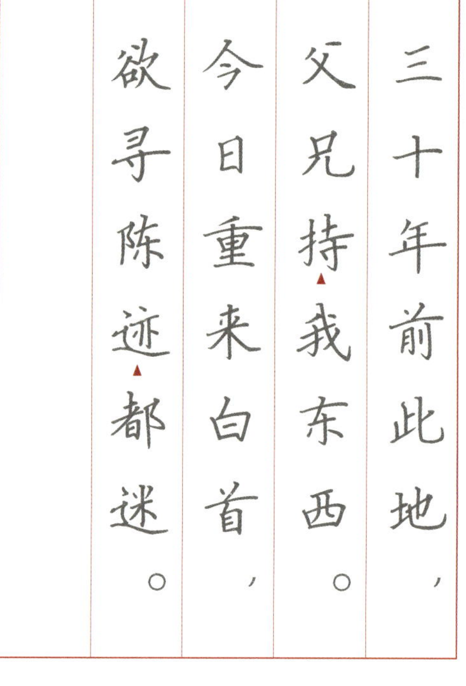

▲西太一宫：道教庙宇，在汴京（今河南开封）。▲持：携带。

▲陈迹：往事踪迹。▲迷：迷离。

三十多年前，诗人的父亲和兄长带他来到这里。他们牵着诗人的手，从东走到西，又从西走到东，到处观看。诗人故地重游时已经头发花白，想寻找从前和父亲兄弟共同见过的景色，却都已迷茫不清了。

这是诗人在西太一宫壁上写的一首诗。

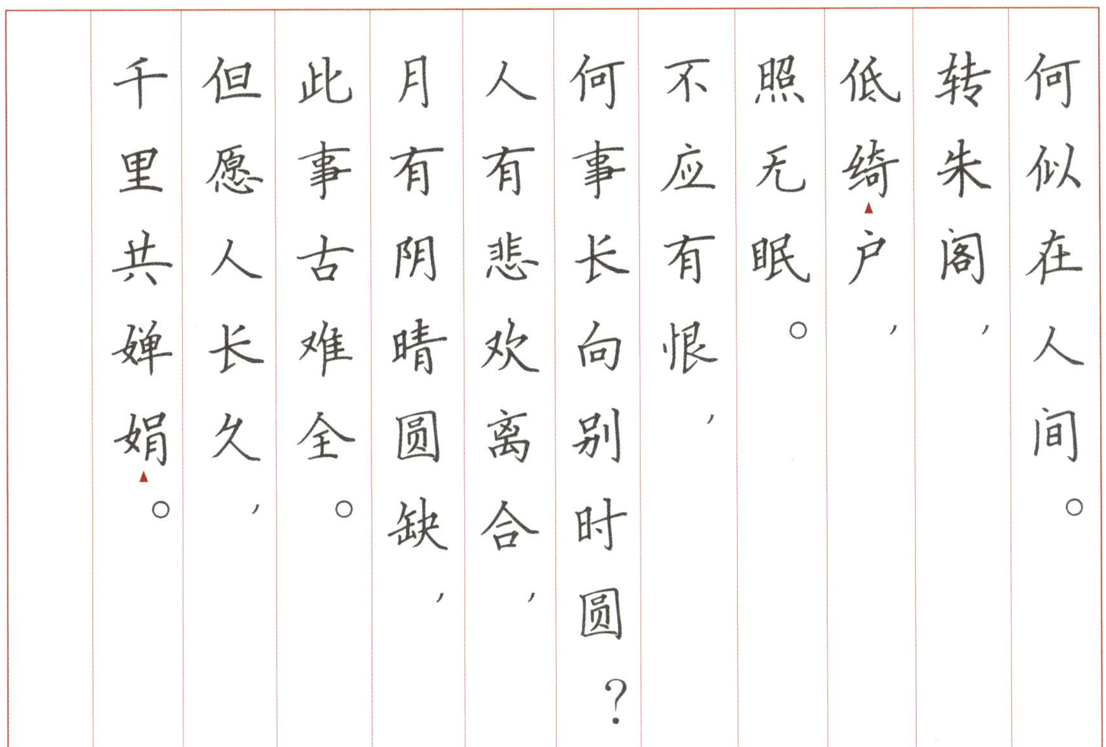

月光转过了朱红色的楼阁，低低地挂在雕花的窗户上，照得他一点睡意都没有。明月对人应该没有怨恨吧，但为什么总是在离别的时候圆满呢？人有悲欢离合的变迁，月有阴晴圆缺的转换，世上的事自古就难以周全啊。只希望这世上所有人的至亲至爱的人们都都能平安健康，即便相隔千里，也能共享这美好的月色。

▲水调歌头：词牌名。

▲宫阙（què）：宫殿。

▲绮（qǐ）：美丽花纹。

▲婵娟（chán juān）：月亮。

水调歌头

［北宋］苏轼

丙辰中秋，欢饮达旦，大醉，作此篇，兼怀子由。

明月几时有？把酒问青天。不知天上宫阙，今夕是何年。我欲乘风归去，又恐琼楼玉宇，高处不胜寒。起舞弄清影，

丙辰年的中秋节，高兴地喝酒直到第二天早晨，喝到大醉，写下了这首词，同时思念弟弟苏辙。

明月是什么时候挂上了天空？诗人举着酒杯询问青天，不知道天上的宫殿，今晚是何年何月。他想凭借着清风飞上天看一看，却害怕天宫里美玉砌成的楼宇太高了，他经受不住寒冷。在月光下起身，诗人与自己清朗的影子为伴，一起舞蹈嬉戏，那月宫哪里比得上人间啊。

《雕台望云图》［宋］马远

画赏

画中的山峰虽没有其他画作中雄伟的气势，却以清新取胜，尤其是瘦削的远峰，宛如水石盆景，灵动轻盈。画家只描绘了山一角水一涯的局部，留出大幅空白以突出景观让人能最直观地感受到中国画中的留白妙趣。

▲ 苏幕遮：原唐教坊曲名，来自西域，后作词牌名。

▲ 黯乡魂：因思念家乡而黯然神伤。

苏幕遮·怀旧

［北宋］范仲淹

碧云天，黄叶地，
秋色连波，
波上寒烟翠。
山映斜阳天接水，
芳草无情，
更在斜阳外。
黯乡魂，追旅思，
夜夜除非，
好梦留人睡。
明月楼高休独倚，
酒入愁肠，
化作相思泪。

诗说

碧云在蓝天上飘荡，黄叶在大地上纷飞，秋天的景色映在江中的水波上，水面上弥漫着苍翠的寒烟。群山映着斜阳，蓝天连着江水。芳草不谙人情，一直延绵到夕阳照不到的天边。默默思念着家乡，羁旅的愁思怎么排解啊。除非能夜夜好梦，得到片刻的安慰。真的不愿意一个人在明月下靠着高楼远望，喝下的一壶又一壶酒，都化作了思念的眼泪。

当思念家乡的时候，我们会用什么样的景物来表达内心的情绪呢？范仲淹在这首思念家乡的词中，用芳草、斜阳、明月等，来抒发自己的思乡之情。

练字指导

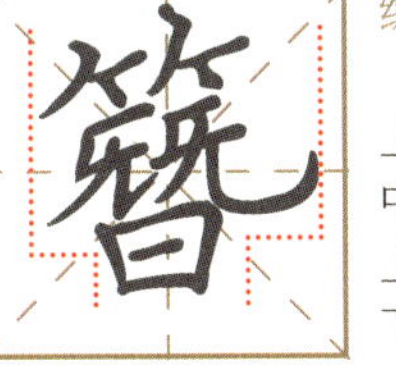

上中下结构的字。
中宽上下窄，
上中部位右高左低，
下部写在字的正中位置。

《山泉煮茗》［清］陆恢

画赏

画中山石嶙峋，古松苍天，枝叶繁茂。泉水从山间蜿蜒而下，两位隐士山下的石桌边相对而坐，品茶细谈。画家笔法苍劲遒丽，古拙幽深。

春望

［盛唐］杜甫

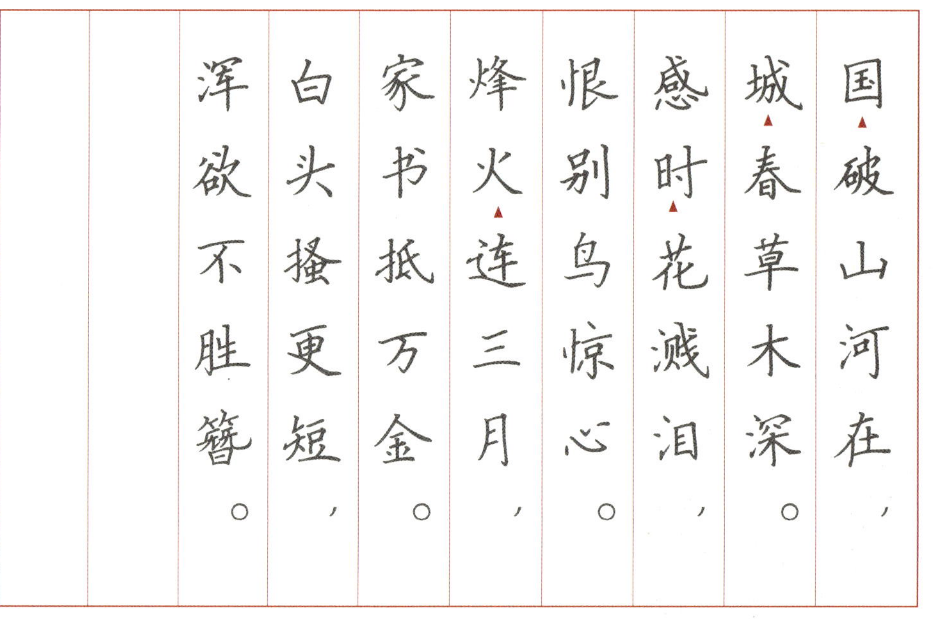

▲国：指国都长安。 ▲城：指长安城。 ▲时：时机。

▲烽火：古时边防报警的烟火，这里指战事。

山河依然在那里，可是国都已经沦陷了。春天到来了，长安城里人烟稀少，草木便肆意生长。诗人为了国事而伤感，泪水溅到了花朵上，鸟儿在城中鸣叫，那声音好似可以直击内心，徒增离别的愁怨。连绵的战火已经延续了三个多月，一封家书是何等的珍贵，能抵万两黄金。愁绪缠绕着诗人，让他搔头思考，白发却因此越搔越少，少到已经不能插入簪子了。

春天原本应该是生机勃勃的季节，但在这首诗中，诗人流露出的是思念亲人和家乡的愁苦之情。

《湖亭秋兴图》【清】黄慎

练字指导

左右结构的字。
左右相背，
左右不宜太近，
做到形虽背意相应。

画赏

这幅画纵 181 厘米，横 102 厘米，画中山石嶙峋，远处湖水微波，古树苍翠，树下的亭台内外人物形神皆备，各具情态。

闻官军收河南河北

【盛唐】杜甫

剑外忽传收蓟北，
初闻涕泪满衣裳。
却看妻子愁何在，
漫卷诗书喜欲狂。
白日放歌须纵酒，
青春作伴好还乡。
即从巴峡穿巫峡，
便下襄阳向洛阳。

▲闻：听说。 ▲漫卷(juǎn)：胡乱地卷起。 ▲青春：指明媚的春光。

诗说

剑门关外忽然传来了官军已经收复冀北一带的喜讯。刚听到这个消息，诗人高兴得眼泪都沾满了衣裳。看看自己的妻子儿女们，也因为听到了这个消息而一扫愁云，随手卷起诗书，欣喜发狂。诗人决定要纵酒高歌，伴着春光回家乡。此时此刻，诗人的心魂早已高兴得飞了起来，只想立即从巴峡穿过巫峡，再到襄阳直奔洛阳家乡。

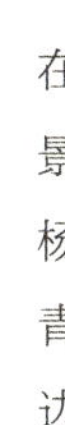

《京江送别图》局部 【明】沈周

画赏

该画描绘了沈周在江边与友人送别的场景，远山起伏，汀岸有杨柳、桃花，崖上草色青青，船上的人对着岸边的人作揖还礼，依依不舍。此画构图简单，笔法苍劲，墨色浑厚，充满意境。

赠汪伦

〔盛唐〕李白

练字指导

常用偏旁之走之底。
写走之底时，
点偏向右侧，
横折折撇要写小，
平捺要舒展。

▲汪伦：李白在桃花潭结识的朋友。 ▲踏歌：一种民间歌调，一边唱歌，一边用脚踏地打拍子。

▲桃花潭：在今安徽泾县西南一百里（50 千米）。

诗人坐上了小船刚要离开，忽然听到岸上传来告别的歌声。原来是好友汪伦来了。即使桃花潭的潭水有千尺深，也不及汪伦送别诗人的一片情谊啊。

李白对汪伦的情谊是真挚的。汪伦送别李白时，李白见此情此景如此真切，便写下了这首著名的送别诗。

《东庄图册》 ［明］沈周

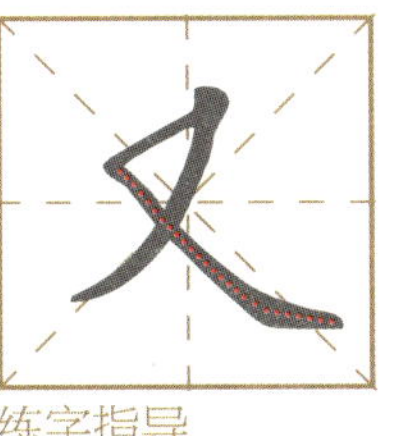

练字指导

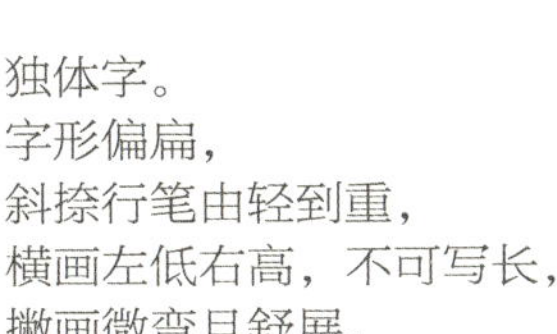

独体字。
字形偏扁，
斜捺行笔由轻到重，
横画左低右高，不可写长，
撇画微弯且舒展。

画赏

这幅画选自画家沈周《东庄图册》，主要以花青和赭石两种颜色来渲染。远处树木挺拔、葱郁，山坡上小草茂密，近处的茅屋前溪水潺潺，树木环绕。整幅画宁静自然，营造出诗意般的生活。

赋得古原草送别

【中唐】白居易

离离原上草，一岁一枯荣。
野火烧不尽，春风吹又生。
远芳侵古道，晴翠接荒城。
又送王孙去，萋萋满别情。

▲赋得：唐代科举考试规定，凡按指定、限定的题目作诗，诗题前一般都需要加“赋得”。▲离离：繁茂的样子。▲远芳：蔓延到远方的青草。▲王孙：本指贵族后代，此指远方的友人。▲萋萋：茂盛的样子。

草原上的草生长得茂盛青翠，这些草儿每一年都会经历枯黄衰败和茂盛繁荣。无情的野火只能烧掉长出土的叶子，等到来年春天，春风吹过，草儿又会郁郁葱葱地生长出来。野草野花蔓延生长，覆盖了行走的古道。阳光照耀下的翠绿的草原尽头就是你的征程。诗人又一次送走了自己的知心好友，这郁郁葱葱的青草就如同是心中满腔的深情啊。

诗题中“赋得”二字表明这首诗是诗人应试时所作，当时按照科考规则，题目必须加上“赋得”二字。

《两江名胜图》〔明〕沈周

练字指导

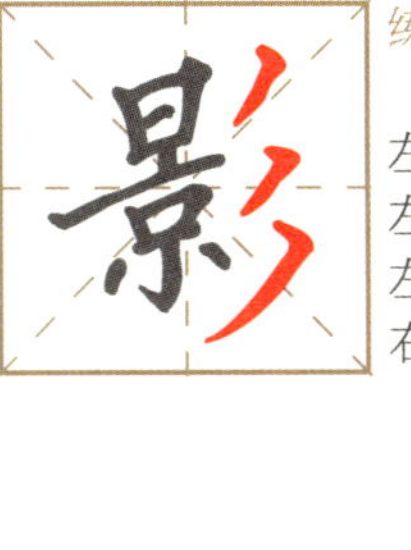

左右结构的字。
左宽右窄，高矮均匀，
左部横要舒展，
右部三撇起笔稍往右斜。

画赏

这幅画描绘了长江淮河两岸的名胜风景，画面选取了富有特征的景物，线条简明利落，却构成诗意盎然的境界。两岸鳞次栉比的房屋、碧绿的江水、岸边的绿树，还有一艘小船，使画面产生强烈的装饰美感。

黄鹤楼送孟浩然之广陵

【盛唐】李白

故人西辞黄鹤楼，
烟花三月下扬州。
孤帆远影碧空尽，
唯见长江天际流。

▲黄鹤楼：楼名，在今湖北武汉。 ▲广陵：指今天的扬州。

▲烟花：形容柳树如烟，鲜花似锦的春天景象。 ▲尽：消失。 ▲唯见：只见。

老友在黄鹤楼挥手告别了诗人，向着繁花似锦的三月扬州远游。友人的船影孤单地渐渐离去，消失在天际的尽头，这时，只看见滚滚长江在天边奔流。

这首诗虽然是送别诗，并没有写得“凄凄伤感”，整首诗“飘逸灵动”，饱含了诗人对挚友的美好祝愿，希望他能够前程锦绣。

小诗词知识

追星的诗人们

你们有崇拜的人吗？古时候那些诗词界的大咖，他们也是不少人心目中的偶像哦。

诗人张籍曾经因为迷恋杜甫的诗，把杜甫的名诗一首一首烧掉，然后拌着蜂蜜每天吃上三勺，认为这样就可以写上和杜甫一样好的诗了，这堪称“骨灰级”的粉丝代表了。

杜甫是李白的超级粉丝，杜甫和李白一生只见过三次面，这三次面让杜甫深深地迷恋上了诗人李白，给李白写了不少诗，像《春日忆李白》《冬日有怀李白》《天末怀李白》等。

作为“偶像”的李白也给杜甫回复过诗，像《沙丘城下寄杜甫》和《鲁郡东石门送杜二甫》。

说起李白的偶像，那便是著名的山水田园诗人孟浩然了。李白年轻时与孟浩然一见如故，从此成为至交。李白自由洒脱，不适合为官，被迫要离开长安之后，他也决定像自己的偶像孟浩然一样，过潇洒淡然的生活。对比一心想考取功名的杜甫，李白更是仰慕孟浩然，他给孟浩然写下了不少诗篇，除了文中的《送孟浩然之广陵》之外，还有一篇直抒胸臆的诗“吾爱孟夫子，风流天下闻。”（《赠孟浩然》）

《清湘老人》［清］石涛

画赏

画家笔法流畅凝重，墨法淋漓。画中重重叠叠的山峦峭壁，轮廓苍劲浑厚，山上的树木用墨浓重，让画面有了色彩深浅的变化，山中掩映的小屋更让画面增添了深远之意。

别董大·其一

【盛唐】高适

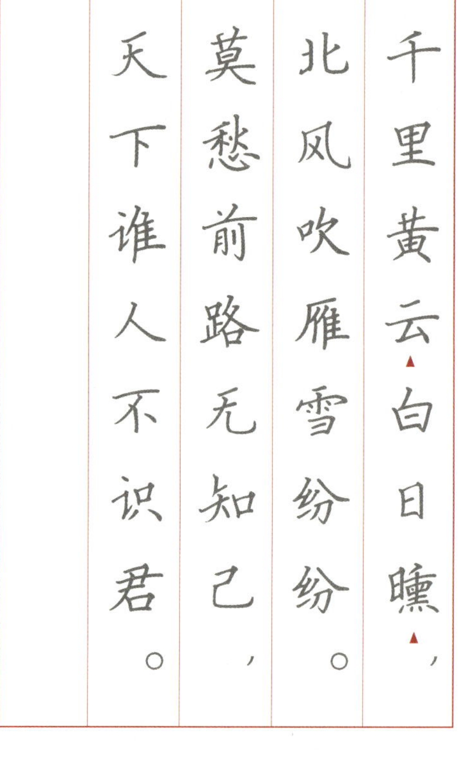

练字指导

上下结构的字。
上高下矮，上窄下宽，
上部横画微扬，
秋字要写的紧凑，
下部卧钩底部略低于左点。

▲董大：唐玄宗时著名的琴客董庭兰。　▲黄云：在阳光下，乌云是暗黄色的，所以叫黄云。

▲曛（xūn）：昏暗。

绵延千里的乌云将天空遮挡的黯淡，呼啸的北风，大雪纷飞，雁子飞往南方。不要担心前路茫茫遇不到知己，普天之下谁会不知道您呢？

这首诗是诗人送别友人时所作，被称为千古绝唱，是送别诗中的典范之作。

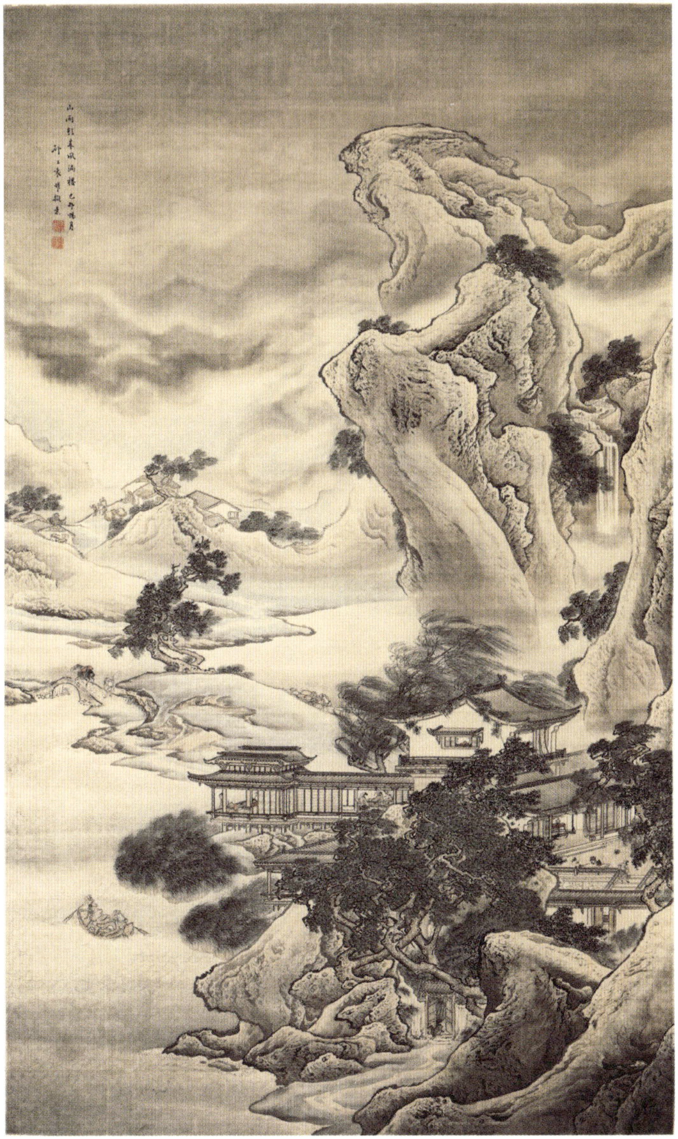

《山雨欲来图》［清］袁耀

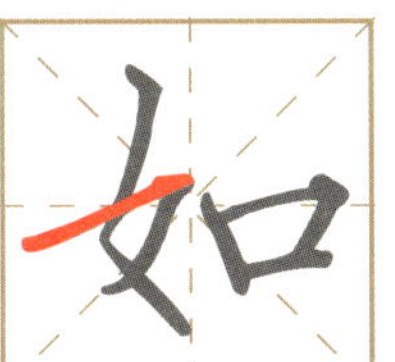

左右结构的字。
左右等宽，左高右矮，
左边横画变提，左收右放，
右部分较短小，
应处于左边中间位置。

画赏

画中描绘了盛夏时节大雨将要来临的山中田园景色，画作中山峰嶙峋，山间古松苍翠，从主峰的右侧一河流蜿蜒而来。楼阁上的人物凭栏凝视，楼下两人撑着竹篙逆风而行，昏暗的天空、高耸的山岩为画面增添了戏剧性的紧张情节。

芙蓉楼送辛渐

【盛唐】王昌龄

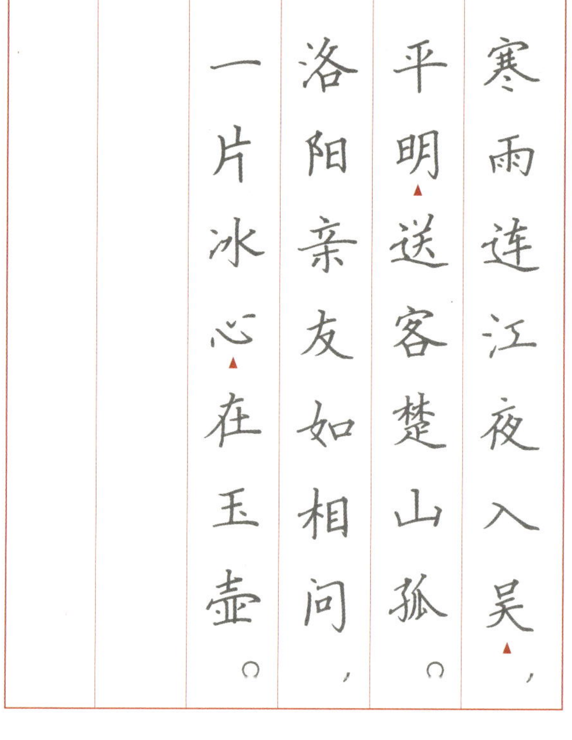

▲芙蓉楼：润州（今江苏镇江）的城楼。 ▲吴：指江苏镇江一带。 ▲平明：天亮的时候。

▲冰心：比喻内心纯洁。

冷雨连夜洒遍吴地江天，清晨送朋友启程奔赴洛阳，诗人对望着孤独的楚山生出无限离愁。诗人对朋友说：如果洛阳的亲友向你打听我的消息，请转告他们，我的心依然像玉壶里的冰一样纯洁。

诗人托朋友给亲友带去的口信不是通常的报平安，而是传达自己依然冰清玉洁、坚持操守的信念，展现了诗人刚正不阿的性格。

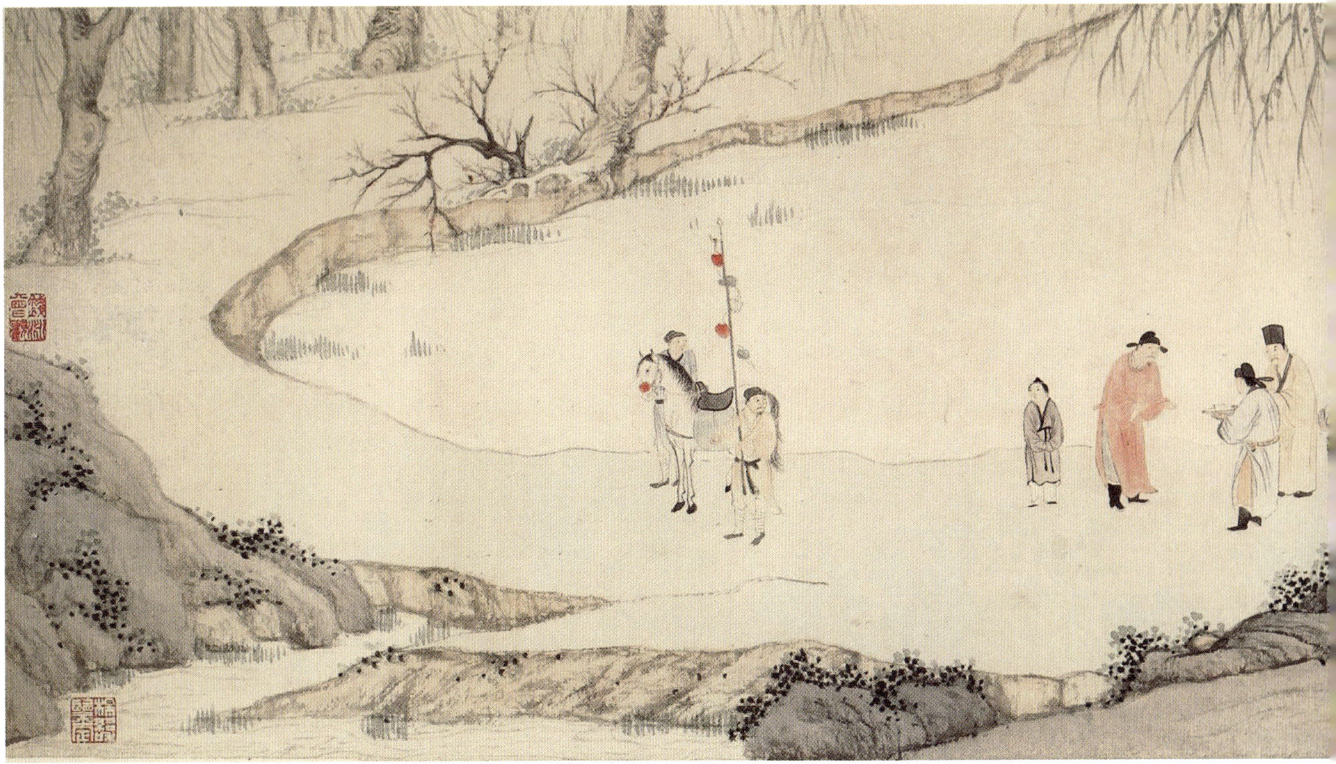

《送别友人图》 ［明］钱穀

正值春光烂漫之时，春风和煦，两岸杨柳青青。马夫已经备好了马匹，画家与友人在此话别，依依不舍，只怕骑上马以后，很久再难相见，又是一场羁旅漂泊之苦啊。

送元二使安西

［盛唐］王维

渭城朝雨浥轻尘，
客舍青青柳色新。
劝君更尽一杯酒，
西出阳关无故人。

▲元二：作者的朋友。 ▲安西：当时是安西都护府治所，今新疆库车附近。 ▲渭城：在今陕西省西安市东北，渭水北岸。 ▲浥（yì）：润湿。 ▲客舍：旅店。 ▲阳关：关名，在今甘肃敦煌西南。

诗说

早晨的雨水湿润了渭城的地面，客栈边的柳树已经抽出了新芽。朋友啊，再喝一杯送别的酒吧，要知道，西出阳关之后就很难再见到老朋友了。

这首诗，在唐朝已被谱成乐曲，广为吟唱，称为《渭城曲》。唐人在吟唱时，反复歌咏诗的最末一句，所以这首诗又被称作《阳关三叠》。

《仙山楼阁图》［明］仇英

练字指导

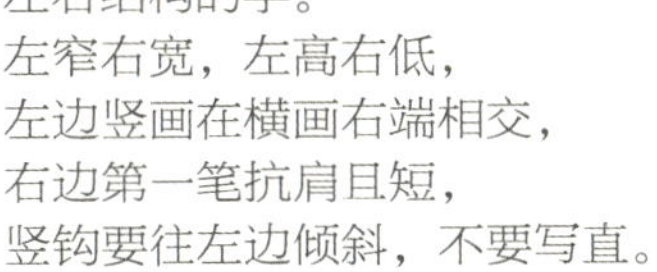

左右结构的字。
左窄右宽，左高右低，
左边竖画在横画右端相交，
右边第一笔抗肩且短，
竖钩要往左边倾斜，不要写直。

画赏

这是仇英创作的一幅绢本设色画。图中青山耸立，白云在山间环绕，宛如仙境，山下翠竹苍松，水阁临流，阁中二人对坐观望山景。画的墨色轻淡融和，色调明快，显得随意灵动。

闻王昌龄左迁龙标遥有此寄

〔盛唐〕李白

杨花落尽子规啼，
闻道龙标过五溪。
我寄愁心与明月，
随风直到夜郎西。

▲杨花：柳絮。

▲子规：指布谷鸟，又称“杜鹃”。

▲五溪：今湖南西部五条溪流的总称。

▲夜郎：唐代夜郎有三处，两个在今贵州桐梓，本诗所说的“夜郎”在今湖南怀化境内。

杨花落尽了，子规鸟开始了啼鸣，这时候，诗人听说友人被贬为龙标蔚，龙标地方偏远，要经过五溪。便把这份忧愁的思绪寄托给明月，希望它能随着风，和友人一道前往那夜郎的西面。

离别诗总是会用不同的物象来传达诗人的不舍之情。这首离别诗，诗人借杨花、子规、明月等向我们传递了他因得知好友王昌龄被贬谪到龙标去的消息，联想到自己的处境而产生共鸣，借故将这份同病相怜的惆怅寄托出去。

《金昌送别图》 ［明］唐寅

画赏

图中柳溪水岸边四人在拱手道别，即将远行的好友转头看着他的三个好友，深含恋恋不舍之情，船边有一个樵夫，等在等候此人上船，准备扬帆起航。远处群山连缀，云雾霭霭，空阔高远。整幅图以水墨与淡设色相交融，使画面呈现出清雅的作风。

练字指导

左右结构的字。
左窄右宽，左低右高，
左边两点较小，提写较大，
右边竖画最高，短横位于竖中部，
口字要写扁一些。

送杜少府之任蜀州

〔初唐〕王勃

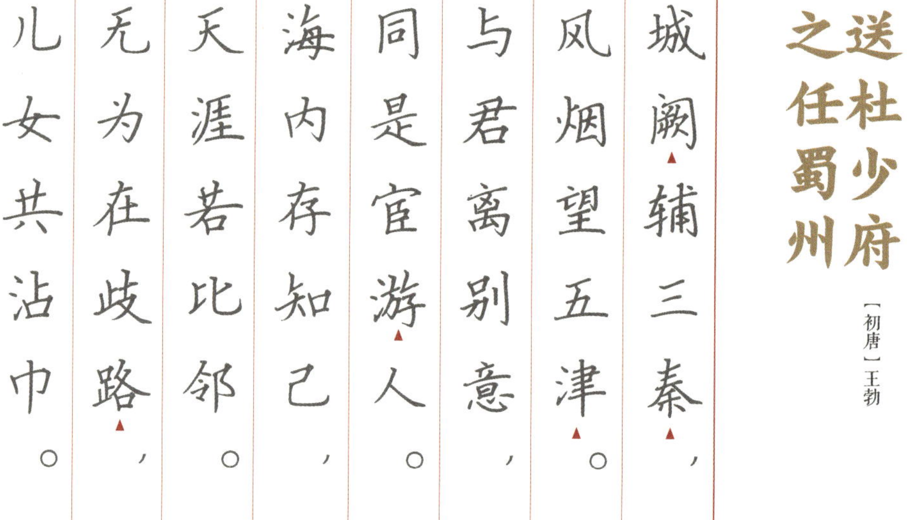

城阙辅三秦，风烟望五津。

与君离别意，同是宦游人。

海内存知己，天涯若比邻。

无为在歧路，儿女共沾巾。

▲城阙（què）：即城楼。▲三秦：指关中地区。▲五津：指岷江上的五个渡口，即白华津、万里津、江首津、涉头津、江南津，这里代指蜀州。▲宦（huàn）游：出外做官。▲歧（qí）路：岔路。

诗说

长安的城楼雄踞在三秦之地，遥望风烟迷蒙的巴山蜀水。诗人感慨道：我和你的命运是如此相仿，同样远离故土，同样在他乡做官。可是，诗人却很豁达，告诉友人，只要四海之内有知心朋友在，即使相隔天涯海角，也感觉就像在身边一样。今日在岔道分别，没有必要儿女情长，泪洒衣裳，洒脱一些或许更好。

诗人王勃写下这首著名的送别诗，颠覆了当时人们认为送别诗总传达悲伤情绪的刻板印象。

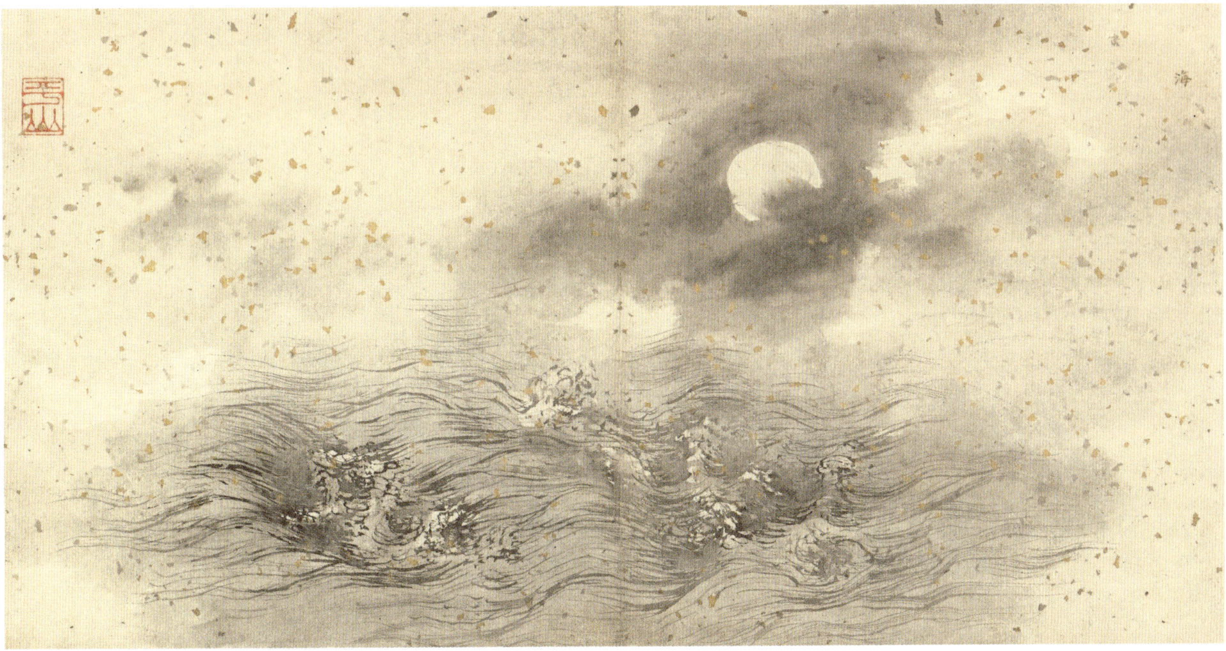

《神仙图》［明］张路

画赏

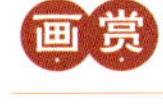

黑云蔽日，水面上破涛汹涌。画中虽然景致简略，但画家笔墨遒劲，激昂壮阔，具有豪放动荡的气势。

于易水送人

［初唐］骆宾王

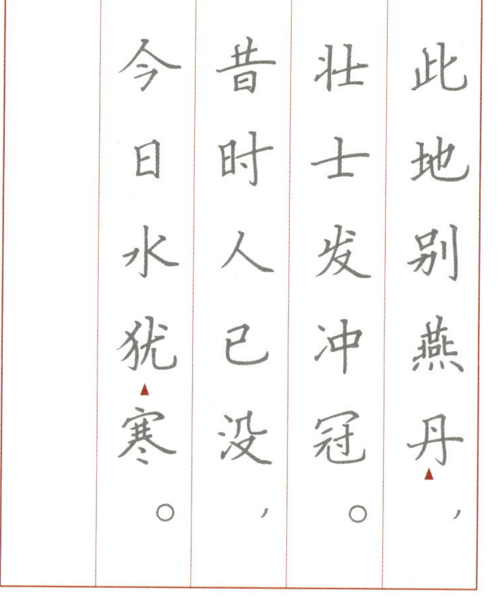

练字指导

上下结构的字。
上高下矮，包围下部，
上部捺在撇稍下处，
撇低捺高且舒展，
下部点与上部交点对正。

▲易水：也称易河，河流名。位于河北省西部的易县境内。

▲别燕丹：指荆轲作别燕国太子丹。

▲犹：依然。

诗说

这里是荆轲当年告别太子丹的地方，曾经壮士慷慨激昂的悲壮场面犹存。那时候的人如今已经不在了，今天的易水还是那样的寒冷。

这首诗是骆宾王侧身于军幕之中，决心报效国家的时候所写。不仅表达了对壮士的钦佩敬仰之情，更开辟了唐诗的新道路。

《渔笛图》［明］仇英

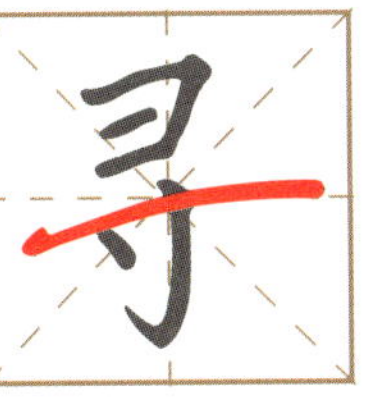

练字指导

上下结构的字。
上矮下高，上窄下宽，
上部三横距离相等，
主笔横略倾斜且舒展。

▲青玉案：词牌名。

▲元夕：指元宵节。

▲花千树：花灯之多犹如千树开花。

▲玉壶：指明月。

▲鱼龙舞：指舞动的鱼龙形状彩灯。

▲蛾儿：指女子们头上的戴的饰品。

▲暗香：本意指花香，这里指女子身上散发的香气。

▲阑珊：零落稀疏的样子。

这幅画用淡淡笔墨描绘出了连绵的远山，湖面上烟波浩渺，一个渔翁乘着小舟在湖面垂钓。画面的近处山峰耸立，怪石嶙峋。林木中掩映着一方水榭，画中人将书丢去一边，凭栏眺望，神情怡然。

青玉案·元夕

【南宋】辛弃疾

东风夜放花千树。
更吹落、星如雨。
宝马雕车香满路。
凤箫声动，
玉壶光转，
一夜鱼龙舞。
蛾儿雪柳黄金缕。
笑语盈盈暗香去。
众里寻他千百度。
蓦然回首，
那人却在，
灯火阑珊处。

焰火乍放，花灯悬挂，犹如东风吹开了千树的繁花；焰火落时，犹如漫天的星雨。那豪华的马车如流水在街上流动，使得满街香气四溢。清脆的凤箫声在空中飘动，明月的光辉在空中流转，还有鱼龙形状的彩灯，在街市上舞动了一夜。

一群打扮艳丽、幽香袭人的观灯女子们，笑语盈盈地随着人群走过。诗人对着这些女子一一辨认也没有找到他所等待的意中人，猛然回首，不经意间却在灯火零落之处看见了她。

书写练习（同步临摹）

文中对应页

字	文中对应页		
离	3	离	离
前	5	前	前
多	7	多	多
处	10	处	处
那	12	那	那
怯	14	怯	怯
来	24	来	来
簪	30	簪	簪
北	32	北	北
送	35	送	送

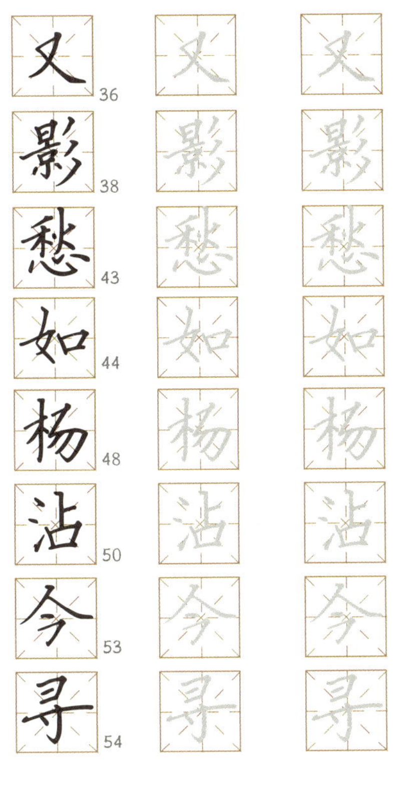

字	文中对应页		
又	36	又	又
影	38	影	影
愁	43	愁	愁
如	44	如	如
杨	48	杨	杨
沾	50	沾	沾
今	53	今	今
寻	54	寻	寻

回乡偶书

3 文中对应页

贺知章

少小离家老大回，
少小离家老大回，
乡音无改鬓毛衰。
乡音无改鬓毛衰。
儿童相见不相识，
儿童相见不相识，
笑问客从何处来。
笑问客从何处来。

35 赠汪伦

李白

绘画作品索引（仅为本册索引）

全套诗词索引（按诗人朝代和出生先后来排序）

盛唐诗歌

中唐诗歌

南宋诗歌

元明清诗歌

《**仿惠崇笔意扇面**》［清］王鉴

编委会

项目策划：周国宝

鉴赏指导：刘道林（上海市优秀语文教师） 王迎新（北京市高级语文教师） 毛向军（北京市高级语文老师）

书法指导：霜　豪（中国书法家协会会员，著名画家）

文字编辑：龚道军　刘　挺　王叶青　朱盼盼　马文旭

插图绘画：霜　豪　沈　周　石　涛

美术设计：左小文　胡晓红　王俊亮

图片提供：三典轩　锐景创意　图蜗创意　等

图书在版编目（CIP）数据

你好啊，小诗词．离思迢迢远 / 刘道林编著 ; 霜豪绘．-- 北京 : 中国铁道出版社有限公司，2021.5

ISBN 978-7-113-27736-9

Ⅰ．①你…　Ⅱ．①刘…　②霜…　Ⅲ．①古典诗歌－中国－中学－课外读物　Ⅳ．①G634.303

中国版本图书馆 CIP 数据核字（2021）第 026340 号

书　　名：你好啊，小诗词：离思迢迢远

NI HAO A，XIAOSHICI：LI SI TIAOTIAO YUAN

作　　者： 刘道林

插　　图： 霜　豪

策划编辑： 聂浩智　郭景思

责任编辑： 郭景思　　**电子信箱：** guojingsi@sina.cn

责任印制： 赵星辰

出版发行： 中国铁道出版社有限公司（100054，北京市西城区右安门西街 8 号）

印　　刷： 北京柏力行彩印有限公司

版　　次： 2021 年 5 月第 1 版　　2021 年 5 月第 1 次印刷

开　　本： 889 mm × 1194 mm　1/24　印张：24　字数：640 千

书　　号： ISBN 978-7-113-27736-9

定　　价： 198.00 元（全 8 册）